Very Very Good Grace.

生活時尚新美學
不按牌理出牌的好樣

CEO/ **汪麗琴** Grace

▶▶ **主要學歷**
台灣師範大學家政系 72 級畢業

▶▶ **主要經歷**
新竹縣湖口鄉新湖國中家政／英文教師
金金實業股份有限公司（現改名為法蝶生活
館）、森閣（自行創業）、宏世隆、寬庭企業

▶▶ **送給兩岸學生的一句話**
覺得是對的，就應該堅持下去！

▶▶ **人生最想去完成的三件事**
❶ 把日語學好
❷ 找到好樣接班人
❸ 旅行與布的創作

關於好樣 •
關於汪麗琴

在我對於好樣（VVG, Very Very Good）及汪麗琴還一無所知時，一次單車隊朋友間的聚會閒聊，任職於 CNN 的好友 Faye，她是這麼形容好樣執行長汪麗琴的：「Grace（汪麗琴）是認識的朋友中，最有熱情、最有創意、最有行動力的人……」

當慢慢開始接觸好樣，有更多的瞭解時，就全然體會，Faye 的看法是再貼切不過，這就是好樣、這就是汪麗琴！

汪麗琴執行長是師大人類發展與家庭學系（前身為家政系）系友，所以對我而言多了一份親切，因為我在師大的起聘就在人發系。這麼有趣的企業、這樣有意思的執行長，我很好奇想要知道，大學時代的汪麗琴到底是什麼樣子？

幸運地，她的大學學姐周麗端剛好是我師大人發系的同事，研究室就在我邊上；受我之託，周麗端老師為免個人的主見，還小小地訪查了一下當年的眾家學姐妹、同學對於 Grace 的看法，她說：

「經查訪，大家普遍認為，大學時的汪麗琴活潑、富創意、樂於分享，而在當時號稱師大無富女的時代，Grace 就展現她與其他師大家政人截然不同的特殊品味。除此之外，她對新知及創新的追求，在師大時就可看出端倪……」

是啊～我們個案團隊一路從好樣的五家店開始觀察，好樣成長非常快；從忠孝東路四段進軍到學學文創、踏入華山文創園區、再闖進誠品松菸、現在又進軍大陸的南京。幾年間成長超過十家店，雖然後來的發展遇到了點亂流，但一如既往，永遠堅持與眾不同。這種極為特別的商業模式，反映了汪麗琴執行長有趣的想法，她是這樣說的：

「好樣真的沒有 SOP 這個東西，我沒有的原因其實是我很堅持沒有；我自己本身就很害怕被約束，也很害怕有那麼多繁文縟節的事情，所以我就很難去做那種 Chain 或者是 Franchise 的經營模式……」

在我們進行十家頂尖企業個案時，始終的難題是：拍影片、寫個案的計畫往往趕不上企業的變化。這變化速度，好樣應該是十家之最，我們的團隊有時候還真擔心會跟不上腳步。

不過，不循常規、隨時有新創意產生似乎已成好樣的常模。這麼精彩的好樣、這樣有創意的執行長，就讓我們一起來體驗好樣的炫麗與美學時尚吧！

生活時尚
新美學

不按牌理出牌的好樣[*]

> 明亮溫暖的Bistro；沉穩靜謐的Table；
> 浪漫起舞的BonBon；瑰麗上海的芬寓（Fancia）；
> ▶ 傾訴故事的Something；懷舊古玩的Petite；
> 感官探索的Thinking；20年代風華的Action；雪紡與戚風混搭的Chiffon；
> 遠離塵囂的Hideaway；閱讀美學的Chapter；童話寓言般的Pomme⋯⋯

在一個靜謐的週日早上，我們來到安靜的台北東區巷弄內，從遠處傳來熱鬧歡欣的聊天聲，仔細一看，原來是有一群人正聚集在 VVG Bistro（好樣餐廳）的小花園中，輕鬆愜意地躺在舒適的沙發上，一同享受著早晨美好的陽光並大啖美味的法式輕食。而這間餐廳正是台北第一間有開放式廚房的餐廳，也是台北人週末 Brunch 的最佳選擇。

▲ 隱身巷弄間的好樣餐廳

時間接近中午，在不遠處的另一間 VVG 系列餐廳──VVG Table（好樣餐桌），同樣有一群人早已在餐廳外的長椅上等待著週末的聚會。進入到這間餐廳，隨即映入眼簾的是充滿著老家具及不同木質長桌的歐風室內擺設；在這裡用餐，彷彿有種置身在法國的時空錯覺，讓人忍不住想要與好友們互道一句：「Bonjour!」

---

* 本個案係由台灣師範大學運動休閒與餐旅管理研究所**王國欽**老師、輔仁大學餐旅管理學系暨研究所**駱香妃**老師、中國文化大學觀光事業學系暨碩士班**陳玟妤**老師與欣聯航國際旅行社（雄獅集團關係企業）總經理**陳瑞倫**博士共同撰寫，其目的在作為兩岸學子課堂討論之基礎，而非指陳個案公司事業經營之良窳。個案內容參考公司實務，並經編撰以提升教學效果。本個案之著作權為王國欽所有，出版權歸屬心理出版社股份有限公司。

在這樣的特殊氣圍下,讓我們想起了英國最搶鏡頭的嬉皮資本家理查·布蘭森(Richard Branson)[1],外界對他的形容常是叛逆、大膽、冒失、狂妄……布蘭森卻說:「不能樂在其中的事情,乾脆別做;做生意一定要有趣,實踐你本能的創意;不能只做大家都說對的事,做事的正確方法不是只有一種;誰說要擁有專業,才能跳入陌生領域創業;行銷一定要花大錢買版面廣告?CEO自己就可以是活廣告。」布蘭森創業不是從獲利觀點出發,是希望他的產品或服務能帶給人們「不一樣的價值」,他衷心相信此一信念,並熱情去實踐。

在台灣,也有個不按牌理出牌的汪麗琴(Grace),她是好樣(VVG, Very Very Good)集團的執行長。就如同布蘭森一樣,Grace認為覺得是對的,就應該堅持下去!

在台北市餐飲業競爭最激烈的東區裡,忠孝東路四段181巷弄間,很難想像同一家企業竟然可以在咫尺可見的小小兩個巷弄間總共開了六家店——三家餐廳、一家書店、一家B&B公寓、一家麵包與裁縫結合的創新店。2015年3月中旬後,好樣集團開始重新資源整合,調整好樣集團品牌數,目前東區巷弄共有VVG Bistro(好樣餐廳)、VVG Something(好樣本事)、VVG BB+B(好樣公寓)、VVG Pride(好樣自慢)、VVG Catering(好樣外燴)及VVG Cook Cool(好樣食在酷)共六個品牌五家店。Grace彷彿在打造她的夢想王國,並且將這種生活美學強力放送,跟全世界的人分享。她像個老師,教導你如何去品嘗生活,如何用另一種角度去欣賞古老的事物;又像個說書人,邀你一起進入所有她去過的地方、看過的書、美好的經歷。進到每一家好樣,感受到的不是商店,而是溫暖、是美的世界,是一種生活態度!

1999年創立好樣餐廳迄今,隨著事業體之新創,營業額及員工人數也不斷攀升。好樣目前共有員工80名、兼職員工介於35-40名。

目前事業體主要分為「行政」及「門市」兩個區塊,內部之組織結構極為扁平。由於事業體眾多,大部分的店鋪又彼此相鄰,員工往往分飾多角,如同一位資深員工所言:

「在好樣,前一分鐘你可能在業務部處理外燴業務,下一分鐘你可能在Bistro(好樣餐廳)擔任外場的服務工作……」

而Grace也認為:

「客人喜歡好樣的原因就是因為他永遠都看不到領導人(管理者),因為每個人都是領導,每個人都能自動補位,填補服務的空缺。」[2]

Grace將好樣集團之核心能力(Core Competency)定義在「創新」,她認為主要的競爭者就是「自己」。談到這個時,Grace用很堅定的語氣強調,主要的競爭者「就是自己,一定是自己!」

而Grace認為「創新」的來源在於將許多自主權放在員工手裡,「信任」員工會做對的事;同樣的道理,員工也信任Grace會大方與他們「分享」努力成果。透過多種方式,Grace建立了這種信任與分享的組織文化。

▲ 入選全球最美的書店，好樣本事

在目前競爭激烈的餐旅市場，如何不斷創新與自我突破，對於好樣而言，是件重要的事，如同好樣在 2009 年金融風暴期間，堅持「在最壞的時代，讓我們做點好事」，因而開了好樣本事，一家只有 13 坪大小，怎麼看都不賺錢的書店，而這間書店最後竟然入選全球最美的 20 家書店之一。

2012 年好樣首次走出東區，以非常快的速度，打造了令人意想不到的創意新店，包含好樣小小（VVG Petite）、好樣思維（VVG Thinking）以及 2013 年 8 月於松山菸廠開幕的好樣情事（VVG Action）。在 2015 年 3 月中旬之前，好樣集團總共有十家完全不同風格的事業體，然而，3 月中旬後，好樣重新整合資源，關掉了其中幾家店，旋即又於同年 9 月遠離城市，在風光明媚的陽明山上開拓新品牌好樣秘境（VVG Hideaway）。緊接著 12 月開了一家不收費的公益圖書館好樣文房（VVG Chapter），隔年 2016 年又開了好樣蘋果兒（VVG Pomme）、好樣自慢（VVG Pride）與好樣食在酷（VVG Cook Cool），並開出海外首家店，位於大陸南京老門東、占地百坪的好樣眾樂樂（VVG JOY）。一樓主要以好樣思維餐廳做延伸，有法式室內花園、Tea Room、以 Open Kitchen 呈現的餐廳；二樓則是好樣本事書店的延伸，有設計、藝術、攝影、旅遊等書籍，及各式生活器具、時尚服飾。好樣每個品牌都有其獨特的故事與創意，這也讓好樣集團在台灣近年風行的文化創意生活產業，佔有舉足輕重地位。

以餐旅業為經營主軸的好樣，打破了許多我們對於餐旅管理既定的想法與原則。它從不做廣告或促銷，在特定的節日也不會推出所謂的情人節或聖誕節套餐大撈一筆，它遵循「No Marketing is My Marketing」原則；在好樣集團裡也沒有所謂的 SOP（Standard Operation Procedure）[3]，甚至一般餐旅業視為必備的顧客意見卡（Customer Comments Card）也從來不曾存在過。

> 我們不用科班出身的人，不是機械化做出制式菜色的人，而是對食物有熱情的人。所以我們的餐點也沒有所謂的 SOP 標準化流程，因為 SOP 流程會讓人變懶惰。我們沒有 SOP，沒有 SOP 是因為我堅持沒有！
>
> ——CEO Grace

> 就像 Grace 講的，我們沒有 SOP，我們是靠人帶人，一對一的傳承，大家都在做自己喜歡的、有趣的事，所以我們都會有一份榮譽感、責任心，就會想把事情做到最好！
>
> ——VVG PR 經理 Evonne

Grace 對自己的原則有堅定不移的信念，做法前衛、樂於分享，帶著一定的冒險前進，高度地結合了員工對於工作自主性之需求，讓每個員工在創意與極大壓力的緊繃下，朝組織希望的腳步共同邁進。相信自己訓練出來的工作夥伴，即使自己的做法違背一般餐飲業的經營方式與傳統管理學理論，而且似乎會犧牲掉利潤並帶來一定程度的混亂，Grace 仍堅持到底。

「找到好樣接班人是人生最想去完成的三件事的一件……」Grace 認為自己的角色就是找尋優秀的人，鼓勵他們、讓他們自由發揮。

引領新生活美學風潮

好樣用一種截然不同的創新商業模式（Business Model）[4] 引領餐旅業進入一種華麗、休閒、創新又具設計感的生活時尚新美學的氛圍裡；十多年來好樣集團秉持著創新、實驗、勇敢做自己的理念，一次又一次帶給我們這群好樣喜好者不同的驚奇與體驗。

◉ 美學覺醒 VVG Bistro

好樣集團最初成立於 1999 年，而 VVG Bistro（好樣餐廳）是第一家成立的餐廳。餐廳最原始的創辦人是三個女生：林宜容（室內設計師——Faye）、謝妙芬（妙家庭廚房創辦人）、蔡麗鈴（台北創意團隊蘑菇創辦人—— 小二），而當時從家居裝飾（Home Decoration）產業離職的 Grace，原本只是想休息，在店裡輕鬆地端端茶當個工讀生而已。由於幾位創辦人本身有工作並無法全心投入，餐廳經營終面臨困境，無以為繼，於是三位創辦人便邀請非常喜歡 VVG Bistro 這種氛圍的 Grace 加入經營好樣的行列，將好樣的經營導入正軌，為好樣開啟一段枝繁葉茂的十年歲月[5]。

Grace 曾說過：「希望這個餐廳是很 easy、很舒服的，不要太商業化。」

▲ 陽光灑入，充滿綠意的好樣餐廳

好樣餐廳門口充滿綠意的小花園，家庭味濃厚的的裝潢，用餐氣氛很輕鬆，進門的沙發用餐區都別具特色。陽光可以輕易地灑落整個開放式廚房，給人舒服隨意不拘謹的用餐空間，這是以法國菜為主的 VVG Bistro 與別家餐廳大異其趣的地方。整個餐廳座位數約 40 個，許多椅子的長相都不太一樣，營造出具有獨特個性的用餐氣氛。剛開始的 VVG Bistro 是由三個女生在工作之餘因為興趣合開了這家餐廳，平時賣些輕食、飲料，只有週末時接受訂位，三個女生輪流做菜，並沒有菜單。強調一種 Life Style，強調人和環境間的關係。

餐廳中央的開放廚房（Open Kitchen）[6]，使得廚師烹調過程像美妙的食物展演，讓喜愛美食的我們可以享受即做即食、新鮮上菜的美味餐點。而 Grace 也認為：「開放式廚房很重要，因為，我希望我的廚師不是躲在窄小的廚房裡，呼吸不到新鮮的空氣，我希望他們可以在很自然的環境裡工作，可以跟客人互動，可以看到客人用餐時的反應……」

看著站在廚房前忙碌的人員，像是在為家人用心準備餐點，讓渴望味道、想要美好環境的我們，沉浸在充滿綠色植栽的生活時尚新美學氛圍裡。

◉ 隱藏版的魅力精品 VVG Catering

有別於實體店面的經營模式，好樣在 2002 年成立了 VVG Catering（好樣外燴），主要著眼於將 VVG Bistro 之營業、設備與經驗進一步擴大，並嘗試提升好樣餐廳對外接觸通路，以及滿足時尚、精品、公關、藝文產業（Fashion Party, Luxury, PR, Art Industries）等對 Finger Foods[7]、Canapé[8] 之需求。

▲ 精緻的 Finger Foods，好樣外燴

「我想為安靜的小店找一條路，不需要花大成本擴張，但卻能永續經營。」因此，在某次的因緣際會下，Louis Vuitton（LV）成為好樣外燴的第一個客戶。而經過多年的深耕及努力，好樣外燴已服務超過 400 家不同的廠商，除了 LV 外，許多高端品牌如：GUCCI、FENDI、Céline 等也都是客人。好樣目前研發出近 3,000 多種的 Canapé，平均每天會有 2-3 場的外燴訂單，最高紀錄一天曾接過 14 場外燴生意，一年外燴量可高達 1,000 場。現在在精品產業的人，只要提到高品質的外燴公司，無不想到 VVG Catering，因為它已經站穩了精品界外燴市場中一個舉足輕重的地位。

好樣外燴是好樣重要的收益來源及創造客群的重要行銷通路。因為好樣從來不打廣告，因此，每次的外燴服務，便是讓不認識好樣的人，知道台灣有一間如此特殊的餐飲集團。對於好樣來說，承辦外燴服務需要用最創意與最快速的方式去成長與進步，因此比起經營一般的餐廳，好樣外燴總是給予員工與管理者很大的壓力。因為好樣外燴的客戶約有 200-300 家，每位客戶的需求都不

同，故必須放手讓員工勇於嘗試與研發，而員工同時要承受的壓力也就可想而知。

如同好樣的副總經理兼主廚 Fancia 所提：「所以很多人來上班，在廚房裡面完全不能適應，因為他們覺得他們知道的餐廳，就是做好並供應好我餐廳內的客人，可是在好樣不是，我還要供應 LV、我還要供應 GUCCI，就會覺得那是怎麼一回事，那我們可能偶爾突然又要做伯爵錶的一個 100 個人的 Sit Down Dinner，對員工來說，他們要吸收的東西太多了，壓力會太大……」

呼應著行政總主廚 Fancia 的說法，Grace 也心有所感地這樣認為：

「我不是餐飲界出身，還以為做外燴很容易，反正不需要店租裝潢，不會花什麼錢，結果發現更貴、更難！」

在好樣事業體中，每次舉辦外燴所需的臨時工讀生相當多；而為了區別出市場上的外燴服務，好樣在挑選外場服務人員時，皆以男性為主，除了要有高挑如模特兒般的姣好身材與乾淨整潔的外貌，更需要有專業的服務與靈活的反應，隨時能配合顧客的需求提供服務，同時達到好樣外燴要展現出的特殊氛圍。此外，主打提供精緻的外燴，從英文名字「Finger Foods」可以顧名思義，就是用手取食，餐點要不黏手，還要能一口放入來賓仕女的嘴裡，優雅地吃完，又要夠豐盛，讓客人可以撐住長時間的社交演出。

好樣外燴在首次嘗試製作 Finger Foods 時，採用非常高級的食材，結果大獲好評，因此打響好樣外燴的知名度。此外，好樣外燴會針對客戶的需求與形象設計其專屬的外燴美食，例如幫 Chloé 設計特殊的鎖頭巧克力，為 Anna Sui 設計獨特的香水瓶餅乾

▲ 每一場都是盛宴，好樣外燴

等。這一場又一場的外燴挑戰，為草創初期的好樣在廚藝及美學奠下紮實基礎。

而藉由多年外燴經驗累積，2010 年下半年開始，VVG Catering 展現另一種動能，嘗試由單純外燴提供，進一步延伸發展成為活動及場地設計者，往上游的市場進行整合。而第一個客戶來頭即不小——德意志銀行（Deutsche Bank）的 30 週年慶活動，舉行地點在——故宮博物院（National Palace Museum）的三希堂 [9]，這個成功的嘗試讓好樣外燴有了一個全新的面貌。好樣外燴目前已經成為台灣時尚及藝文產業中最重要的外燴提供者。而 Grace 回首來時路，對於 VVG Catering 之誕生，她認為：

「外燴磨練出廚師的無限創意，更讓我們撐過一段辛苦的時光。」

◉ 就是愛分享 VVG Table

而另一間同樣深受消費者喜愛的 VVG Table（好樣餐桌）則是在 2005 年成立。與 VVG Bistro 相較，VVG Table 提供的是較為正式正統的歐式餐點，餐廳內裝主要用大塊原木桌椅、燭臺、木質酒櫃等樸質家具，形塑出歐洲餐館之一般風味，在昏黃的燈光下，隱隱表露一股華麗復古。Grace 回憶著說：「我們的客人會長大。」所以 VVG Table 的氣氛、氛圍也轉變為成熟一些。

經常與事業夥伴一同出遊歐洲的 Grace，留意到許多歐洲地區的小餐館，常會在餐廳內擺設一些木質的大長桌；透過分享的概念，餐廳的主人會在桌子中間放滿一些果醬、奶油、調味料等，同桌客人可以一起分享使用。

▲ 充滿特色風情的好樣餐桌

受此影響，Grace 在初創 VVG Table 時的想法是：

「……其實在我想開的下一個餐廳，我希望是一個 Share 的觀念，所以我就決定用比較大的長桌子，不管認識的人或不認識的人，大家都可以在這個大長桌上吃飯，所以我們取名做 Table 的原因也在這裡……」

然而，大長桌之初始立意雖良好，但 VVG Table 在執行上還是遇到困難。主要因為 VVG Table 以提供 Fine Dining Food [10] 為主，加上客人主要以台灣人為多數，比較沒有辦法跟不認識的客人坐在一起，因此漸漸地，除了保留部分大長桌，VVG Table 還是回歸以一般的小型桌為主。此品牌在 2015 年 3 月中旬與 VVG Chiffon 重新資源彙整，成為新的 VVG Chiffon+Table 品牌；又於 2016 年獨立出來併入打造新品牌 VVG Cook

Cool（好樣食在酷），主打以不定期方式廣邀來自各地對食物有熱情、熱愛的料理家，藉由各料理家所帶來彼此不同的經驗和故事，巧妙表達食物的風味和對料理的情感。

Grace 樂於分享的概念不僅出現在餐館命名設計上，同時也展現在人才培育上。例如，好樣集團草創之初（2002 年），在僅有 VVG Bistro 一家餐廳時，Grace 大膽地讓三位員工依序前往法國藍帶餐飲學校（Le Cordon Bleu）[11] 學習，包吃包住包學費三個多月，好樣為這三個員工各支付新台幣八、九十萬元。對一間員工人數不滿十個人的餐廳，Grace 能如此為人才培育付出，要有相當大的勇氣及遠見。其中一位曾參與過這個培育計畫的主管 Fancia 這樣説：

「那時候，一個法文都不會，在法國人生地不熟，一切要自己去摸索及成長。記得上課時 Chef 講的法文都聽不懂，但自己就是努力地看及抄筆記……說實在的，廚藝在三個月時間內也許所學有限，但最重要的是這三個月讓我學到法國人的生活態度，並瞭解當地的生活文化、氣息、氣質，那三個月對我人生影響很大……」

除了讓員工遠赴法國學習的創舉外，創業迄今，好樣每年都會舉辦員工旅行（Part Time 員工也能參與）以及國內、外美食之旅。Grace 十年來持續性地投資，目的就是在讓所有員工「開眼界」，足跡遍及全世界。舉凡如：舊金山的 French Laundry，日本的 Joël Robucho，澳洲的 Tatsuya，台灣的 Le Meridien Taipei（寒舍艾美酒店）、Mitsui（三井）、Palais de Chine（君品飯店）等，都曾留下 Grace 與好樣員工的身影 [12]。

此外，Grace 的分享還展現在：讓資深主管接受卡內基（Carnegie）訓練 [13]；讓所有員工接受心靈輔導與催眠課程；Be My Guest 活動（由每位員工輪流當主人，邀請其他 8-10 個員工來好樣用餐，由當主人的員工設計菜單、邀請函、餐桌擺設，並進行活動的記錄及成果展現，這個活動後來還延伸到好樣之外的餐廳），以上種種全由好樣買單！

最後，還有一件分享的展現，也讓我們覺得不簡單。Grace 經常出國旅行考察及採購，平均一年將近十次 [14]。她每次出國回來一定會幫員工帶禮物，不是特定某些員工，是所有好樣的員工！

◉ 老公寓新靈魂 VVG BB+B

開了兩家餐廳後的 Grace 覺得經營餐廳實在太累，每次都要用一堆人，人事物的問題永遠是最麻煩的，便開始思索有沒有一些事業是不用太多人的。

Grace 曾分享過：「在做一件事情之前，我就會開始想想我自己的生活，我曾經有過什麼經歷。」

因為 Grace 之前工作的關係，常需要到處旅行，而旅行或出差常常住在一般的飯店中，總覺得有種疏離感。但其中有幾次的歐洲旅行經驗，Grace 住到所謂的 B&B[15] 或精品酒店 [16]，那種感覺與一般飯店全然不同。因此，Grace 就一直在想如果有一天有機會的話，希望可以在台北市中心做一個 B&B，讓旅人在台北有「家」的感覺。

2005 年好樣集團從餐飲的經營跨出令人非常驚豔的一步。在好樣餐廳的二樓,用兩間屋齡已近 40 年的老公寓進行房間改建,總計投資 800 萬元成立只有兩個房間的 VVG BB+B(好樣公寓)(Boutique Bed & Breakfast),一個晚上分別要價 9,800 元與 6,800 元,並分別以兩位資深員工的名字命名為「芬寓」(Fancia)與「芳寓」(Evon)。

因為是家,所以裡面的老家具、老地板有著記憶,淡淡訴說時光的故事。紅色的芬寓風華絕代,雍容華貴的水晶吊燈,充滿復古情節的空間,耳邊好像傳來陣陣低迴吟唱的上海歌曲;綠色的芳寓清雅溫婉,帶點法國清新風,在這兩間充滿異國情調的旅店裡,不往外看完全感受不到這裡竟是台北東區,任誰都忍不住想住上一晚。這裡彷彿是台北最小的精品飯店!

之後,好樣又籌備了一間以英式工業與大量藏書為風格的新房間「君寓」(June)。其沉穩幹練,仍是以員工(小君)的名字命名,斑駁的紅磚牆、老舊沙發、復古的餐桌加上一旁像是骨董的咖啡機,令人彷彿置身百年前的英倫公寓中,細細品嘗房間內的近千本藏書。

Grace 說:「我如果真的要開始賺錢,我大概要投資到十個房間以上。」Grace 很少提到賺錢這回事,在生活中,相信秉持簡單的價值觀與目的,這理念也適用事業的經營。如此不以賺錢為目的,僅以創新與實現理想的經營思維,確實令人玩味與讚嘆。

目前好樣公寓的主要客源為外國旅客,並以法國網路訂房平台「Tempting Places」[17] 為主要行銷及訂房通路。此平台主要以銷售全球奢華風格精品旅館為主,目前已和好樣合作六年。

▲ 炫麗的芬寓,台北最溫馨的一晚

▲ 書韻十足,充滿設計感的君寓

▲ 充滿夢幻的好樣棒棒

◉ 嗨！瑪莉皇后 VVG BonBon

　　而 2008 年成立的 VVG BonBon（好樣棒棒），更是充滿法國浪漫少女風情的繽紛彩色世界。一個 Bon 在法文是「好」的意思，兩個 Bon 在法文的意思則是「糖果」；如此有創意的命名方式，也呈現出好樣與眾不同的創業風格與經營模式。當初開創 VVG BonBon，Grace 的想法是：

　　「因為我覺得我們公司的甜點師傅，他們都很棒，那我就覺得應該做一個專賣甜點的店。剛好那個時候看到蘇菲亞·科波拉（Sofia Coppola）的電影《凡爾賽拜金女》（Marie Antoinette）[18]，這部電影主要描述法國瑪莉皇后的故事，就電影視覺上來講，我

覺得非常的棒、非常的美！那時腦子裡就開始浮現出一個 Picture 出來。當下我就覺得說也許來開一家這樣子的法式甜點店，是滿有趣的，但它的氛圍會比較 Feminine 一點，充滿瑰麗色彩、比較輕快、帶一點幸福感覺，也希望找回小時候的一點童年夢想。我們動作很快，2008 年 4 月我們頂下一間店（原店名為白烏鴉，為一設計品專賣店），同年 7 月我們就 Opening 了⋯⋯」

　　好樣棒棒主要販售糖果、甜點及杯子蛋糕，是好樣家族最甜美的成員。滿屋的粉嫩色彩、繽紛花草，隨處可及的糖果加上櫥櫃裡可愛討喜的各式甜點及杯子蛋糕，讓任何走進 BonBon 的人第一句都是「哇！」2015

年 3 月中旬，VVG BonBon 因為租約到期，結束營業，對喜愛 BonBon 的粉絲而言非常可惜，但相信未來會有更多無限的可能，好樣會再將 BonBon 的元素，重新展現在所有喜愛好樣企業的消費者面前。

● 實現夢想最美 VVG Something

在店的經營上，「如果把利潤放在第一位的時候，很多事情就不會開始了。」Grace 隨興隨緣的個性，認為如果把利潤放在第一位考量的話，就無法開一間有味道的好店。不管能不能賺到錢，Grace 只從事她喜歡、有興趣的事物，她覺得如果對自己所做的事非常狂熱與投入，只會做得更好，賺錢的可能性也就越高。

2009 年悠然於東區巷弄間成立的 VVG Something（好樣本事），有著好樣一貫的風格卻又獨特於外的氣質。門口迎賓的是當年台灣大學（National Taiwan University）女生宿舍的紅門，因為廢棄，被好樣撿回來，重新上漆、補上玻璃，舊有的窗花依然在。店內所有的書及產品都經過精心挑選，在繁華的東區，這是最有霍格華茲（Hogwarts）學院 [19] 氣息的一角，處處有驚奇。好樣本事是 Grace 為成就一位員工想在退休後開書店的夢想，她率性又發自內心地認為：「為何夢想要等到退休後才去實現呢？」Grace 在有限的資源中，將之前作為好樣擺放餐廳餐具或外燴所使用的飾品道具的倉庫清空，不畏困難砸錢投資，成就與員工一起開書店的夢想。

好樣本事，是好樣再次令人跌破眼鏡之舉。開書店不會賠錢嗎？況且當時逢全球金融大海嘯，景氣不佳，就連主要的收入來源——好樣外燴，在當時業績也下滑了只剩

三成，讓 Grace 壓力非常大。雖然好樣在那段時間裡虧損了新台幣 1,800 萬，但 Grace 就是有個性格：越不好就越要想辦法把它扳回來，既然景氣不好，也許就是投資的最好時候。

> 若是要迎合大多數人的喜好來開店的話，可能好樣和隔壁其他的店家也就沒有什麼區隔性，無法保持屬於自我的標記精神，也就失去了存在的意義。
> ——CEO Grace

「開書店一定不賺錢，我看到經銷商給我的折數就知道一定不賺錢。我的 partner 都阻止我。但有時候事業是一種理想，看書的當下會獲得很多的靈感。既然要開一家獨立書店，那就應該要有店主人的個性，就是我喜歡什麼，就賣什麼樣的書。」Grace 回憶著。

在好樣本事中，不僅販售專業時尚、攝影、生活風格、設計、食譜等類的精裝書，也賣生活雜物，更有國內設計師的商品，既復古又時尚。本事內的很多書籍都是 Grace 獨自旅行或與夥伴同遊時從國外親自挑選，閱讀過、摸過，真的喜歡才帶回來的，而且限量。店內所販售的每一樣東西都有它自己獨特的一段故事。

多年前 Grace 在新加坡認識兩位特別又有理想的女生，她們開了一家書店，店內只賣一種書，關於食物的書。也邀請世界知名的廚師到她們店裡做發表會、簽書會等，努力把她們所熱愛的食物推廣給每一位朋友，但後來真的經營不下去，又捨不得將自己辛苦收藏的寶貝隨意賣出。因此，她們想到了對食物有相同熱情的 Grace，Grace 便把她們

大約 3,000 多本的書全數買下帶回台灣,成為好樣本事的一員。而這 3,000 多本書後來也在食物展演秀──VVG Cook Cool 成為 Grace 布置的書牆,讓相同的喜好者看到它們。

不隨著風潮販賣所謂的暢銷書,更致力於開發誠品書店都沒有的書。這種完全不按牌理出牌、開餐廳的怎麼會去開書店呢,卻正是好樣組織文化的精髓「創新」所在,也是 Grace 多年來持續對於「員工成長的照顧、資源的共享」的最好寫照。

如此獨特的好樣本事,於 2012 年獲選為美國娛樂藝文新聞網(flavorwire.com)[20]的「全球最美的 20 家書店」之一,亞洲只有四家書店入選,好樣本事是台灣唯一的。好樣本事雖然僅有 13 坪,空間不大,但貼心地擺放著許多小椅子,讓愛書人可以坐下來進入書中天馬行空的世界裡,感受紙張在

手心裡的重量與味道。在小吧台區,好樣本事也會不定期舉辦座談會與講座,讓喜愛好樣的消費者可以點一杯熱飲享用,同時讓靈魂在書香與咖啡香中獲得短暫解放。

◉ 小孩的玩具很大人 VVG Petite

好樣的創新經營模式,接下來更是快速地結合各種不同的文創產業,陸續開拓了 VVG Petite(好樣小小)及 VVG Thinking(好樣思維)。截然不同的事業體系,但卻融合得非常完美,似乎每樣新事業體的創立,都不讓人覺得意外,這就是好樣集團能夠與眾不同之處。

2012 年是好樣快速蛻變的一年,好樣開始走出熟悉的東區巷弄,往外快速拓展。本來覺得在忠孝東路開店就好了的 Grace,因著房仲業者說忠孝東路四段將來可能要面

▲ 滿屋童趣設計的好樣小小

臨都市更新的問題，想要好樣能永續經營並存在，害怕過去十多年的辛苦都付之東流，Grace 也不禁思索著好樣未來的出路。就在此時，2012 年 8 月學學文創（Xue Xue Institute）[21] 找了好樣一起打造親子餐廳，希望可以結合親子互動及學習的空間。本來有點抗拒的 Grace，又覺得學學文創是在做一件好事，培養小孩的美學教育，只好點頭答應……沒想到，7 月答應 8 月店就開了。

Petite [pəˈtit]，法文的意思就是小小的。在好樣小小的快樂天堂內，簡潔的白色空間、木質桌椅、五彩繽紛的糖果，建構出有如童話世界的夢想樂園。結合親子書店、玩具與輕食的複合式餐廳，不僅小孩瘋狂，也同樣能喚醒住在大人心中小小的王子與公主。Grace 找了很多 50 年代的玩具跟遊戲，從法國、西班牙找了木製玩具、鐵皮玩具，希望小朋友可以回到用純真的方式玩遊戲，而不要太科技化。也辦了適合小孩的工作坊，比如父親節時讓小朋友做壓花給爸爸，用彩色筆寫出對爸爸的愛。

好樣小小與接下來好樣思維的創立，起源皆是因不同企業夥伴的邀約合作而創立出來的新事業模式。以好樣小小為例，當初是因為學學文創的邀約，因而產生了全新的異業結盟的創新商業模式，並透過這樣的模式，快速開創各種新風格的好樣（好樣小小因合約到期，已於 2015 年結束與學學文創的跨界合作）。

◉ 華山百年工廠再現風華 VVG Thinking

台北華山在清朝時期原稱三板橋庄大竹圍，至 1922 年，日治時期台灣總督府廢台北舊有街庄名，改稱「樺山町」。而「樺山」的名稱乃取自日本治台的首任台灣總督「樺山資紀」的名字而來（樺山貨運站、台北酒廠等政府單位，是日治時期台北市都市計畫所規劃開發的地區）。至國民政府時期再將「樺山」改為「華山」，並沿用至今。在華山酒廠的西隅，是早年台灣樟腦工廠的最大集散地，華山紅磚六合院的六座獨棟建築，默默地由過去的樟腦工廠，轉化為新的文化展演場域。

在 2012 年時，好樣受到華山「普通美」的展覽邀請，為期 33 天的 VVG At Home，打造一點都不普通的普通美，讓人可以在家裡的各種空間喝咖啡。在展期的最後兩天，Grace 更打造了一場猶如巴黎時裝週的食物展演秀──VVG Cook Cool[22]，此場由好樣與日本食物藝術家諏訪綾子（Ayako Suwa）[23] 聯手合作的「鳥類的遷徙」秀，是台灣首見的劇場式食物展演。在此次展演活動中，好樣將所有食材以它最原始的姿態呈現在大眾面前。除了擺出一條由不同顏色食材組合而成的彩虹體驗區，更讓所有消費者在體驗美味料理的同時，能運用五官體驗到每道食材背後的故事。用行動劇的方式跟食物對話；以一群雁鴨的遷徙來表達，當飛過河川、森林、不同的氣候、城市，會吃到什麼樣的食物。

一走進展演場，前面土堆埋藏了好多蚯蚓，去吃吧！不給客人刀叉，用雙手來吃這頓飯。作為一隻正在遷徙的雁鴨，沿途會經過由黑豆饅頭和臭豆腐偽裝的岩石，從巧克力粉、咖啡粉、芝麻粉及堅果粉調製而成的土壤中，抓出由日本葛粉粿條所做成的柔滑蚯蚓……如此別出心裁的創舉，訴說了好樣十多年來對食物的想法和態度，也讓大家知道食物有什麼好玩的地方。不但在美食文化

▲ 好樣驚喜之作，Cook Cool 食物展演

界引起轟動，更引領著喜好美食的消費者邁向更高一層的創意時尚新美學的生活體驗。

展演結束後，Grace 決定接受華山的邀請，由好樣團隊精心打造好樣思維（VVG Thinking），於 2012 年 11 月 17 日在華山紅磚六合院區正式開幕，重新賦予百年樟腦工廠新的樣貌。好樣思維傳遞一個想法，「我們都一定要有想法，人類因有思想而偉大，因為有思想才可以發揮創造力。而且好的想法一定要去行動，有創造力才可以創造不一樣的事情，世界才會改變。」

進到好樣思維屋內，抬頭一望，看見一雙正在拍打的巨大翅膀——思維之翼。Grace 笑著說如果人類的思想可以像翅膀一樣，自由飛翔，不要放在一個框架裡面，那所有的

創作就會出來。在設計上，一樓規劃為室內花園、餐廳與眾樂樂展覽空間；二樓則是以好樣本事的延伸為主，有設計、藝術、攝影、食譜、花藝、旅遊的書籍，各式生活器具，林果服飾，並有專為個人設計的「獨樂樂」展覽空間，透過每週一件作品，進行一場消費者與藝術展件最貼近的私密對話。

此外，好樣思維每個月會進行一次策展，不管創作者知名不知名，只要做得夠棒，就可以放進好樣。同時間，好樣思維會不定期舉辦主題演說與各式工作坊，隨時帶領喜愛好樣的消費者，能夠在此啟發更多發想的無限旅程，一如好樣對生活美學的實踐與堅持。

◎雪紡？戚風？喜歡？ VVG Chiffon

「我喜歡老祖母那種緩慢、舊舊的感覺……」Grace 在與我們訪談過程中，悠悠地提到這句話。

沒想到，過沒多久，在 2013 年的 3 月 30 日，好樣又再度實現了 Grace 一直不能忘情的縫紉跟布料的瑰麗夢想。這次他們又回到了東區巷弄開了一間具有雙重特性的 VVG Chiffon（好樣喜歡）。

「Chiffon」兼取法文原義「質地細軟輕薄的雪紡紗」，是非常輕柔、女性的一種布料；同時，其衍生意思則是「口感綿細如雲的戚風蛋糕」，名字也剛好叫 Chiffon。好樣用非常巧妙的創意手法，將這間店隔成兩半，並將中文店名取名為「喜歡」，源自於 Grace「特別喜歡」的小玩意——裁縫。

每當經過這間店時，總是會讓我回想起

Grace 喜歡老東西的記憶。一半店面是烤著最簡單的美味發酵麵包與戚風蛋糕的麵包店，另一邊則是 Grace 最愛的裁縫店，從針線到布匹、蕾絲花邊，也賣相關的裁縫道具等，都是 Grace 從各國引進的裁縫私物，應有盡有；店內也處處可見編織藝術家張麗真老師 [24] 利用毛線編織的巧思作品。每當我思念起這間 VVG Chiffon 時，都要再次讚嘆這名字取得真是「好樣的！」。2015 年 3 月中旬好樣喜歡重新整修裝潢，並結合原來好樣餐桌的元素，成為嶄新的 VVG Chiffon+ Table 品牌。又於 2016 年獨立出來併入打造新品牌 VVG Pride（好樣自慢）選物店，裡頭主要有台灣在地小農種植的蔬果、手工製品及布匹、懷舊縫紉老工具等職人手作好物。

◉ 廚藝表演上映中 VVG Action

　　Grace 曾說過，「有想法還是要付出行動，要有行動力。」她自己就是這麼有行動力的一位領導者。繼 2013 年 3 月開了 VVG Chiffon 後，同年 8 月，好樣以極快的速度，位於誠品松菸店、以西班牙和義大利菜式為主的 VVG Action（好樣情事）開幕。

　　當誠品希望 Grace 在松菸店開家店時，她原本興趣不大，「我不想在百貨公司裡開店。」但一聽誠品要給她電影院旁的位置，興趣就來了，「我最愛看電影了。」書跟電影是 Grace 這輩子的最愛，馬上興致勃勃地進行籌備工作。「因為它在電影院旁邊啊！」便以電影院及《大亨小傳》[25] 電影情境為發想主軸，大型復古燈泡、聚光燈，開放式廚房是舞台，賣力為來賓烹煮美食的廚師是演員，每天上演的都是料理舞台劇。早上 11 點開幕，至晚上 9 點出菜結束，黃色布簾才圍起、謝幕，與隔鄰的電影院相呼應。仿舊

▲用餐即是一場電影的演出，好樣情事

的地板、頭戴鴨舌帽的報童服務員、復古的護士裝、漆上電影座位號碼的長桌子、如劇本般的菜單、與餐點一起送達的票根，讓人跌進舊時戲院的氛圍漩渦中，久久無法自拔。當你覺得有點累的時候，還可以點一份僅限於好樣情事菜單裡定價新台幣 120 元的「鬆一下：3 分鐘來真的肩頸按摩」。來到這裡，你真的會有如坐著哆啦 A 夢的時光機，回到過去美好的台灣老時光中……

◉ 遠離塵囂，尋找初心 VVG Hideaway

　　好樣在 2015 年中秋節前夕，第一次跨出台北市區，來到離台北市區最近的國家公園 —— 陽明山國家公園，開設了 VVG Hideaway（好樣秘境）。好樣集團在 Grace 的帶領下，親手在陽明山打造如溫室一般的絕美餐廳，令喜愛好樣的我們彷彿有置身國外度假的悠閒感受。

　　藏身陽明山的好樣秘境餐廳，9 月 19 日正式開幕，佔地 360 坪，共有 80 個座位，從外觀看，整個餐廳猶如一個大溫室，而在餐廳內又有一間小溫室，溫室內還有溫

室花房的設計，讓人眼睛一亮。此外，來到好樣的我們不僅可以在陽光與綠意陪伴下，體驗在大自然環繞下用餐的感覺，入夜後，藉由蠟燭的點綴，又是另一番浪漫風情。

VVG Hideaway 整間店裝潢主打白色系，以白色透光布簾打造的輕隔間，不僅讓室內更明亮，外頭微風吹進屋內時還會隨之飄逸，營造如家一般的隨興與舒適感，Grace 接受採訪時笑說：「希望讓都市人一有空閒就能從城市逃到大自然。」

走進 VVG Hideaway，桌上的小碎花盤、角落的復古燭台，處處都可能出現令人眼睛為之一亮的可愛小物，走著走著轉個彎，一整面書牆、復古雜貨與小溫室映入眼簾，每一樣東西都是 Grace 親自從國外選購帶回、親手布置，而且從家具到小雜貨，只要看得到的，全部都能買回家。

VVG Hideaway 所有的菜單則是由另一位創辦人謝妙芬設計，可以吃到輕食類的沙拉、三明治、義大利麵，也有烤鮭魚、燉羊肉等主菜可選擇。全新的好樣集團品牌不僅滿足了所有喜愛好樣集團的粉絲們，更是另一次生活時尚新美學的完美呈現。

◉ 分享書本，分享觸動 VVG Chapter

打開書的扉頁，找到面對人生的方法，讓閱讀引領你進入美麗新世界，無關乎紅塵世事，「文房」是閱讀者靜謐的告白，更是閱讀者與書之間的思維流動……

期望與更多人分享閱讀的美好，好樣又做了一件創舉，就是於 2015 年 12 月開設 VVG Chapter（好樣文房）。好樣文房是一間公益的圖書館，全館的書皆是由好樣贊助或募集而來，秉持著分享的美好風格，這間公益圖書館，房子是跟台北市政府承租，並由企業贊助資金後，委由好樣經營與管理，目的是想回饋社會，讓想要尋找個靜謐閱讀空間的文房旅人，可以盡情恣意徜徉在書海之中，享受自己的閱讀世界。Grace 說：

「希望透過傳達生活美學的店鋪讓社會更美好，因企業除了賺錢，也要承擔社會責任，因此成立閱覽空間的好樣文房，除了倡導閱讀文化，之後也規劃買書送到偏鄉，讓偏鄉學童也能從小培養閱讀習慣。」

▲ 靜謐讀書氛圍，只在好樣文房

▲好樣「文房」兩字，別具韻味

在靜謐的巷內，高聳外牆後的一棟日式宿舍，祖母綠般一片一片斑駁的木質外牆與被樹葉遮蔽的白色雨淋板和八角窗，訴說著過去幸町的繁華，當我們閉上眼，門前的石階與幽靜的長廊彷彿頓時人聲鼎沸，讓人好像搭著時光機回到了早期日據時代的淳樸台灣社會。

好樣文房是位在具有百年歷史建築的「幸町日式宿舍」[26]，裡面到處充滿著陳年的檜木香味。來到好樣文房，雙腳踏著厚實的檜木地板，欣賞著董陽孜老師[27]的墨筆──「文房」兩字，與伴隨著濃郁的咖啡香，那種獨特的氛圍，會讓來到這兒的每個人，深深地愛上它！

目前好樣文房是採用預約制度的方式經營，所有閱讀者皆需事先上網預約才能進入。入內免費，每次每人都可以擁有好樣文房 2 小時的個人空間；然而，每人每三個月只能登記一次。除了可以獨享美好的空間，更可免費享用所有飲品與美味的小點心，這真是獨特的好樣 VIP 級享受！

◉大人與小孩的蘋果童話 VVG Pomme

「童話般的寓言邀請您前來，兔子洞底前衛古典花園……見到愛莉絲？抑或咬著黑蘋果的白雪公主？"Play me, eat me & drink me..."，繽紛奇異糖果和墮落甜點是我的城堡，在超現實的國度裡，灑落一絲絲戲謔不羈的想像，讓空氣中迸裂的焦糖誘惑，擁抱曖昧迷幻的絕美生活……」

好樣棒棒與小小相繼結束經營，Grace 深覺可惜，希望有機會再找回那種感覺，因此好樣在 2016 年 1 月 16 日，以驚人的展店速度，開設了一間以童話故事為包裝核心，結合餐廳、甜點、選物、玩具、遊戲、親子空間的 VVG Pomme（好樣蘋果兒）！

當我們詢問 Grace 為何取名為蘋果兒，她俏皮地回答說：「因為小孩子長得很像蘋果！」最新的蘋果兒是一間分為一樓與地下室的新餐廳，整家店將大人與小孩的童話夢想結合在一起；一樓是專屬於大人的壞壞蘋果兒的夢幻空間，整家店以青蘋果為裝潢基調，除了到處可以看到新鮮的青蘋果，更可看到布置的巧思，以青蘋果綠為主軸色調貫穿整個用餐區域。

地下室則是打造讓大人與小孩都為之瘋

▲創意無限的好樣蘋果兒

▲ 充滿童趣的好樣蘋果兒

狂的親子遊戲空間，不僅小孩可以到處在牆壁上畫畫，中間更有一頂印第安人的帳篷，周圍還有許多不同的大型桌椅，並充滿著小孩們喜歡的米奇玩偶及木製童玩。整個地下室空間充滿色彩與浪漫的氛圍，讓來到這裡的大人與小孩都可以盡情遊玩。

好樣蘋果兒除了展示好樣的創意美食優勢外，還可看到另一個具有強烈個性的新品牌，它是結合親子的遊戲空間與大人的咖啡館，不僅大膽開創出一個無論大人小孩都會喜歡的新童話世界，更展現出一種獨一無二的好樣生活時尚新美學……。

創新商業模式思維 —— 新生活美學

「我的每一個品牌都賺錢！」

Grace 自信地回答著演講聽眾提問。凡是去過好樣集團消費的人，往往都會有著與演講聽眾們相同的好奇心態，「好樣到底是如何賺錢的？」「好樣的商業模式到底是什麼？」簡言之，我們都非常好奇，Grace 是如何經營好樣集團，其營運策略為何？又是如何讓好樣集團能夠在競爭的餐飲紅海環境中與眾不同，持續賺取利益？這些皆是值得探討的有趣議題。

「好樣從第一天開始到現在，在思考的就是希望大家生活的 Quality 可以越來越好，多去感受生活的本質。生活的美好在哪裡？所以我們每家店其實都不一樣，但是都跟生活息息相關。這個宗旨在我們的內心裡面一直都沒有變過。」

Grace 描述著當初創業過程時的內心初衷；同時也呈現出，好樣集團特殊的商業模式與經營理念。好樣集團與一般多品牌的餐飲企業最大的不同之處，就是它從不複製、

不做相同的事。此外，好樣更透過其每一家店在台灣餐飲市場上掀起了一場新生活美學的革命，進一步將 Grace 心中的生活美學理念，導引到所有喜愛好樣集團的消費者心中。

而我們的觀察是，好樣集團有著與眾不同的創新商業模式及策略，亦即運用其獨特的新生活美學之創意商業模式思維，為其消費者帶來獨特的創新價值與創造其獨一無二的好樣體驗。以下分別就好樣集團的「生活美學」、「群聚效應」、「人員多工」及「口碑行銷」，說明其獨特的創新商業模式思維。

◉ 生活美學——美食與美學是核心價值

> 「如果把利潤放在第一位的時候，很多事情就不會開始了。」

Grace 認為如果把利潤放在第一位考量的話，是無法開一間有味道的好店。在店的經營上，她覺得如果對自己所做的事非常狂熱與投入，只會做得更好，賺錢的可能性也就越高。因此，好樣集團不僅希望提供最美味的食物給消費者，更希望能建立及培養台灣人生活美學的素養，希望讓藝術離生活很近，而不是久久才去一次的博物館與美術館。

此核心價值也讓好樣集團 CEO Grace 創造了台灣前所未有的食物展演秀：VVG Cook Cool，至今也只有好樣集團有這樣的創新能力，不畏成本與利潤，只想把好樣集團的核心價值呈現給消費大眾。此外，為其

帶來大部分收益的精品外燴也是此核心價值的最佳代表之一。好樣集團運用大量的創新，將美食與生活美學進行最完美的結合，不僅讓外燴成為好樣集團中最穩固的賺錢來源——其客戶大多為全球精品品牌，如 LV、GUCCI、FENDI、Céline……更替好樣累積了許多口碑，吸引更多高端的客群。

由此可見，好樣的目標客層非常廣泛，依據其不同的品牌，而吸引不同的消費客群。從其價值主張中推出好樣希望帶來關於生活美學的部分，讓台北甚至於整個台灣在潛移默化中培養美學素養，拉近生活與藝術之間的距離。這也許呼應了 Grace 所說：

> 「你的風格不見得每個人都會接受，但一定有支持你的客人，讓他們開心就好。」

因此，好樣集團想要為社會做出一些比較好玩的事，影響很多人對生活的一些感想。好樣每家店，都是經過精心設計打造，他們不斷運用產品及品牌創新，吸引更多的消費者，同時，可以將好樣集團「美食結合生活美學」的核心價值，傳遞給所有喜愛好樣的社會大眾。

◉ 群聚效應——東區巷弄的魔力

好樣集團一開始的經營模式，便是沿著忠孝東路的 181 巷開始建立不同品牌，即使過程中有獲得其他單位的合作邀約，走出東區開設新店，但仍然將重心置於東區巷弄內。好樣集團運用地點群聚的效應，帶動品牌彼此間的知名度，也同時能夠有效地聚集吸引消費者，讓消費者在很近的距離內，就可以同時享受到好樣集團多個品牌的魅力。

此外，好樣集團在東區巷弄外的事業體，舉凡：好樣小小、好樣思維及好樣情事的創造過程中，皆是由不同商業夥伴邀約，藉由與不同企業跨界合作，成立新的事業體。也因此讓好樣集團跨出原來的東區小巷，延伸到不同的文化創意園區設點，並拓展出不同年齡層的消費市場族群。但之後又在東區巷弄開設新的好樣自慢，維持著好樣集團最初主打的集客策略。雖然 2015 年重新資源整合的好樣又開始有新的規劃，如開在陽明山上的好樣秘境，揭開了好樣經營的新路線，但，東區巷弄的群聚效應始終是好樣的特色與優勢。

◉ 人員多工——十八般武藝的員工

好樣的組織文化與氛圍是每個員工都要能身兼多職、要靈活、要能配合；這不僅讓好樣員工同時要學習許多不同工作內容，相對地也節省許多人力成本。在好樣工作，你可能前一秒還在好樣餐廳製作著美味的早午餐點，但下一秒的工作就可能改到好樣本事，整理書本或泡杯咖啡給客人品嘗。人員的多工，是好樣訓練員工工作能力的特色，但同時也是好樣有效運用人力、節省人事成本的方式之一。

因此，在好樣工作的員工，無不具備十八般武藝，隨時可以轉換不同工作角色，發揮最大的效益。這時你一定很好奇，到底好樣是如何挑選員工的？在選取好樣人方面，Grace 認為：

「我常常在 Interview 的時候，只要不要太離譜的人，我大概都會用！但是，我覺得『熱情』是最重要的！做內場的人對於『食物』要有熱情；做外場的人對於『服務人』要有熱情……」

除了熱情之外，Grace 還認為：

「好樣有它自己獨特的文化，員工不要太奇怪！然後，不管你是男生女生，是不是科班有沒有經驗，我都沒有什麼意見，只要你能吃苦，可以吃苦，然後配合度高，這個是好樣較需要的人……」

從上述可知，要應徵成為好樣人其實不難，但能堅持下去的熱情才是重要的成功關鍵。若從員工的角度看好樣集團，好樣除了給予不斷創新的學習成長機會外，更讓所有員工與好樣一起不斷挑戰新的未來，因此，壓力其實不小。但在這樣的學習過程中，所有員工除了不斷精進自己的專業能力外，更肩負著為台灣餐飲文化創意產業開拓新風貌的使命。

◉ 口碑行銷——社群網路無遠弗屆

從來不打廣告的好樣集團，運用社群網路的力量，透過經營 Facebook、透過網友所撰寫的部落格、口耳相傳、電視節目及報章雜誌等報導採訪、或是工作坊的舉辦，不斷讓好樣集團的信念可以傳遞出去，例如：國際知名 *Monocle* 雜誌 [28] 及 *Wallpaper* 雜誌 [29] 等報導。甚至加上獲得世界認定的最美書店之一的好樣本事，不僅提高了好樣集團的知名度，也間接讓更多來自世界各地的遊客喜歡上好樣集團。

好樣也會定期在好樣思維、好樣本事……不間斷地策展活動，如：藝人許茹芸的攝影展等；工作坊的推行，配合節慶製作父親節卡片活動、聖誕節花圈製作等活動，

皆圍繞著其宗旨：美學生活，增加大眾生活與體驗的豐富性。如同 Grace 所說：

「為社會做出一些比較好玩的事，影響很多人對生活的一些感想，或者是他的感受，是很重要的。我不知道能做多少，但我會慢慢做。」

因此，好樣集團從來都不做廣告，它們運用口碑行銷、報章雜誌、演講等多元媒介，讓更多的消費者藉由不同面向，進而對好樣集團產生好奇心，讓生意自己走進來。

未來展望與挑戰

好樣雖然隸屬於餐飲業，卻讓食物不單單只有填飽肚皮的功能，它將所販賣的外燴、餐點、糖果、麵包加上故事與巧思，讓好樣所提供的美食變精緻了。而好樣不定時更換的菜單則充滿創意，在多元化的好樣品牌中，享受著不同浪漫氛圍的用餐時光，對於好樣集團的喜好者而言，無不是最大的享受。

綜合以上的因素，構成好樣集團獨特吸引人的美感與魅力。好樣集團運用其餐飲的產業型態呈現文化創意，將旗下餐點透過創意與設計的原則，成為深具文化與質感的商品；並且店內裝潢與活動搭配藝術家作品展出、工作坊的推出，將藝術與文化變得平易近人，潛移默化民眾的美感，而使整體好樣集團的核心價值——生活時尚新美學融入到消費者的日常生活中，讓每個來過好樣的人，皆能從緩慢而微小的改變，觸發對於台北時尚之都的美感。好樣正用自己的方式，推動全民新生活美學復興運動。

好樣將持續有新的品牌產生，如：好樣自慢（VVG Pride），位於好樣本事旁，以 Workshop 方式概念來經營，提供辦活動、展場及餐飲服務；而好樣也首次將據點往台北以外的縣市進軍（好樣玩藝兒 [VVG Play Play]，位於台中國家歌劇院[30]，有餐廳及書店）。然而，面對未來的快速發展與市場挑戰，好樣集團也正在經歷人才培育與集團資源重新整合的問題。

◉ 留才與接班

Grace 的管理模式結合了分享、信任與責任，在某些與其他餐飲業經營管理原則相逆的主張下，例如：Grace 強調不採用 SOP，希望所有員工不要被刻板的服務模式給侷限，或者喜歡聘用沒有經驗但對食物有熱情的人等，在在都顯現出好樣用人的與眾不同。從其應徵員工的廣告文案也可略知一二：

「說辛苦，很辛苦。說好玩，很好玩。這份工作不輕鬆，很有挑戰性！並且要求每個好樣人都可以獨當一面。」

此外，又因為好樣集團強調員工需要多元化的學習與分工合作，例如每當有外燴活動時，長時間加班幾乎成為好樣人的一種常態與壓力，其次數之頻繁多到員工家人可能會說：

「你們不是開餐廳嗎？怎麼會搞得跟郭台銘的鴻海一樣？」

上述這些問題也間接造成進入好樣的新人常有流動率居高不下的問題；而好樣的老員工，也會因為工作壓力與工時過長的負

荷，在無法兼顧家庭與事業下，離開所喜愛的好樣。

Grace 曾說過：「好樣的未來除了接班人是個漸漸浮現的問題外，首要之急也許在於要如何平衡每個好樣人在工作與責任、壓力與情感（對好樣）、家庭與好樣間，取得一個不按牌理出牌的創新並留住好樣人。」

在好樣這種特殊的組織文化氛圍裡，尋找適合的「好樣接班人」，始終是一大挑戰。

◉ 資源整合與新老闆

創意生活產業協盟會長王村煌認為，想把生活風格品牌做好有兩個條件：一，有強烈的生活主張與夢想；二，能平衡夢想與實際營運，再大的熱情都抵不過面對現實生活的疲倦。引進專業的經營手法幫夢想服務，又不抹殺夢想，品牌才有機會成長[31]。

好樣集團 1999 年創立，在經營了十多年後，面臨到台灣經濟景氣的低迷、市場同業的競爭、人力資源的變動、東區巷弄內的租金成本高漲，及銀行貸款的本金與利息壓力，讓好樣在 2015 年 6 月底面臨到集團成立以來最大的財務困境，差一點 Grace 就要忍痛關掉自己投入大半人生心血的好樣。Grace 回憶說：

「那半年我幾乎都睡不好，光想到好樣因為財務困境而必須結束營業，就會非常難過。但我一直知道好樣是間很 Healthy 的企業，它的本質非常好，也有在賺錢，但是因為銀行貸款的利息與本金壓力，讓好樣賺的錢都不夠還……」

還好 Grace 秉持著不輕言放棄的精神，在許多好朋友的協助下，幫忙從中牽線覓得合適的資金贊助者，讓好樣把所有的銀行債款都還清，重新展開新的好樣事業。

截至 2016 年，好樣集團因為新資金的加入，將原本旗下的 10 個品牌 9 家店，重新資源整合並又開設新的品牌，目前好樣共有 13 個品牌 12 家店，分別為 VVG Bistro（好樣餐廳）、VVG Something（好樣本事）、VVG BB+B（好樣公寓）、VVG Thinking（好樣思維）、VVG Action（好樣情事）、VVG Hideaway（好樣秘境）、VVG Catering（好樣外燴）、VVG Chapter（好樣文房）、VVG Pomme（好樣蘋果兒）、VVG Pride（好樣自慢）、VVG Cook Cool（好樣食在酷）、VVG Play Play（好樣玩藝兒），及 VVG JOY（好樣眾樂樂）。

Grace 曾說過：「我用很長時間去準備，獲利是讓你的公司可以繼續生存下去的非常重要的事情，我不可能說每一間都不用賺錢沒關係，我開心就好！沒有賺錢就開不了心，所以每一個我一定要做到它賺錢，一定賺錢。」

雖然好樣集團解決了最困難的財務問題，然而，Grace 從自己是老闆，到現在變成有了一位新上司的經營方式；加以制度、流程、控制是 Grace 過去所不擅長，這些種種都對於未來好樣的品牌發展及集團策略有許多未知的風險與挑戰。然而於 2016 年首家海外拓店的好樣眾樂樂（VVG JOY），其幕後操盤手，除了原先擔任總策畫的 Grace 之外，未來在大陸市場負責營運的管理者，將由華新麗華焦家第三代、華新南京置產開發執行副總經理焦子頤（董事長焦佑倫之

女）挑大樑擔任總經理，也為好樣集團的經營管理加入新夥伴，以利資源重新整合。

而好樣的資源重新整合，也代表了一種好樣集團的新契機，Grace 表示：

「每個人都有自己喜歡的生活情境，雖然每家好樣的裝潢或散發出來的感覺不盡相同，但想要貼近人心的溫度以及感覺卻是一致。這份美學無法複製，必須以人為介質傳遞並呈現，藉由體驗感受其中溫度，更是潛移默化間由人類共同實踐的一種溫暖態度。」

也因為這樣的理想，好樣集團目前正在積極籌備下一個新的品牌，就讓我們一起拭目以待，這次重新出發的好樣集團又會有什麼獨特的新創意，為生活時尚新美學創造截然不同的新里程碑！

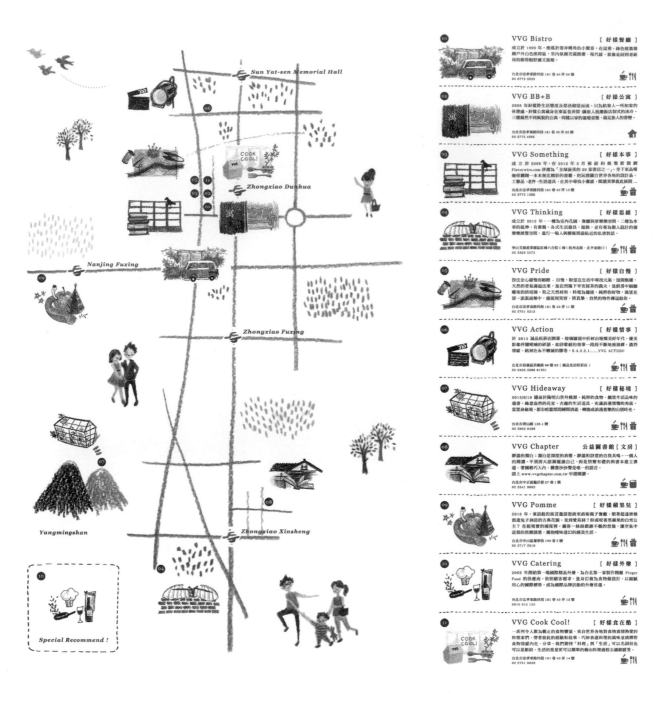

▲ 充滿無限動能及創意、不按牌理出牌的好樣集團

討論**問題**

・好樣眾家店中你最感興趣的是哪一家？你覺得這家店主要在銷售什麼？

・你認為好樣如何獲利？

・CEO Grace 認為好樣的核心競爭力是創意。除了創意，你認為還有哪些也是好樣的核心競爭力？

・好樣最初的群聚效應，隨著品牌開展、戰線拉長，是否會動搖其企業競爭力？

個案注釋與**參考文獻**

1　理查‧布蘭森（Richard Branson）：英國著名企業維珍集團（Virgin Group）的創辦人兼董事長，集團業務範圍包括旅遊、航空、娛樂業等。

2　楊倩蓉（2010, August），〈有本事，才能作出好樣〉，《30 雜誌》，第 72 期，p. 54。

3　SOP（Standard Operation Procedure）標準作業程序：由組織內部針對生產製造或服務的作業方式，自行制定一套工作流程或操作規範，其目的在於讓員工透過相同的程序達成產品或服務相同品質水準。

4　商業模式（Business Model）：乃指一個事業為創造營收與利潤所使用之系統性手段或方式，其所提供產品與服務給顧客的整個價值創造過程包含：由產品與服務、主要消費顧客與市場、生產與配送方式、收入來源四個部分所組成。以美國知名的 NetJets 公司為例（http://www.netjets.com/default.asp），該公司自 1984 年起，即採用客機持分方式（Fractional Aircraft Ownership）為其主要的商業模式，客戶只需要付一般私人飛機十六分之一的費用，即可擁有該飛機每年 50 小時的飛行使用權，不需要自行僱用飛行員、負擔維修及後勤，最棒的是，只要提早 4 小時通知，NetJets 飛機隨時待命。NetJets 開啟價值數十億美元的商業模式，讓客戶以低廉的固定費用，獲得私人飛機的便利及速度。目前 NetJets 每年飛行超過 325,000 個航次，遍及全球 160 個國家，管理機隊總數超過 700 架飛機。

5　文林（2010, November 18-24），〈4 个台湾女人 12 年塑造生活新街区〉，《外滩畫報》，第 413 期，p. C21。

6　開放廚房（Open Kitchen）：廚房屬於開放式的無隔間空間，所有廚房內的空間皆可以清楚被觀察，包含廚師在準備食材與烹飪的過程，讓用餐者可以安心看到所有食物的料理及製作過程。

7　Finger Foods：可用手指抓著吃的美味佳餚食物，每樣美食皆大約 2.5 公分大小，讓顧客可以優雅地享用美食。

8　Canapé ['kænəpei]：開胃餅／開胃小菜，通常以餅乾或麵包方式呈現，上面附有奶酪、肉、魚等，通常在聚會上與飲料一起提供。

9 「三希堂」位於故宮第一展覽區四樓，提供蒸籠點心、仿古菜餚、麵點熟食、精緻茶點、中國茶、咖啡、伴手禮。許多部落客撰寫食記，大讚「三希堂」的餐點與環境，其中一碗320 元的風味紅燒牛肉麵，雖然價格不親民，但仍有人十分喜愛，大讚好吃。於 2015 年 8 月宣布停業。

10 Fine Dining Food：一般指「高級精緻餐廳」所提供的料理。此類餐廳裝修精緻，並提供細緻入微的服務和較昂貴的食物、葡萄酒。在台灣，知名的 Find Dining 餐廳如：台北亞都麗緻大飯店的「巴黎 1930」、位在寶麗廣場（Bellavita）內由世紀名廚 Joël Robuchon 主持的「侯布雄法式餐廳」，以及位在高雄由簡天才主廚主持的「Thomas Chien 法式餐廳」。

11 法國藍帶餐飲學校（Le Cordon Bleu）：1895 年在法國巴黎創立，其創始人是《藍帶廚師》（*La Cuisinière Cordon Bleu*）雜誌的出版商兼記者 Marthe Distel。1896 年 1 月 14 日，在藍帶學校舉辦的世界上第一場廚藝秀奠定了藍帶作為世界級廚藝學校的聲響。藍帶學校主要從事烹飪技術和烘焙糕點的商業教育，超過百年歷史，號稱全球最大的餐旅學校。目前在英國、加拿大、澳洲、日本、韓國、祕魯、墨西哥等地皆設有分校。2012 年，台灣高雄餐旅大學正式與法國藍帶廚藝學院簽約，雙方合資於校園內設立「高餐藍帶廚藝卓越中心」，開設各式廚藝與餐旅相關課程及專業訓練，以培育國際廚藝與餐旅專業人才，並期許成為亞洲地區國際餐旅教育及中西廚藝訓練頂尖人才的搖籃，2015 年 6 月已正式落成啓用（設有 5 間國際標準廚房烹飪教室、3 間一般教室、1 間書店、咖啡廳、物流室、更衣間等空間）。

12 文林（2010, November 18-24），〈4 个台湾女人 12 年塑造生活新街区〉，《外灘畫報》，第 413 期，p. C23。

13 卡內基（Carnegie）訓練：1912 年由美國著名的人際關係學大師、西方現代人際關係教育的奠基人戴爾‧卡內基（Dale Carnegie）所創立。卡內基訓練以教導人們人際溝通及處理壓力的技巧為主。該訓練機構目前已成為世界性企管訓練領導品牌，在超過 86 個國家設有分支機構，並以 30 種不同語言提供專案服務。台灣於 1987 年由黑幼龍先生引進。

14 盧昭燕（2010, December），〈自然風、分子風各領風騷〉，《天下雜誌》，第 463 期，p. 308。

15 B&B（Bed and Breakfast）：僅提供住宿與免費早餐的家庭旅館。而在台灣大多以「民宿」為代表稱呼之，此詞源自日本的 Minshuku，在大陸的「便民招待所」與「農家樂」接近於此定義。民宿，是一種私人經營的小型家庭旅館，通常房間不如商務旅館多，也不一定有接待櫃檯與穿著制服的服務人員，與旅館不同的是，民宿通常沒有先進的網路訂房系統、刷卡等服務。而清掃、訂房、接待客人等，往往都是由主人與其家人負責。

16 精品酒店（Boutique Hotel）：法語單字「Boutique」原本僅指巴黎那些專賣奢侈品的「精品店」，20 世紀 80 年代中期，西方的消費趨勢導致了「Boutique Hotel」的出現，人們普遍認為 1984 年 Ian Schrager 在美國紐約麥迪遜大街開辦的 Morgans（摩根酒店）是精品酒店的鼻祖。典型的精品酒店呈現主題式、時髦與理想風格的布置，精品酒店每一間幾乎都不一樣，特別希望讓客人感受到舒適、貼心的完美服務，因此精品酒店在許多同質性連鎖的酒店中走出很不同的風格。

17 Tempting Places：成立於 2010 年，主要透過網路銷售全球頂級精品旅館（Boutique Hotel），目前在全球 34 個國家代理 140 間精品旅館，好樣公寓是其目前在台灣唯一代理旅館。見 www.temptingplaces.com；好樣公寓連結：www.temptingplaces.com/boutique-hotels/destination/asia/taiwan/?sort=price-asc

18 《凡爾賽拜金女》（*Marie Antoinette*）：是一部描述法國王后瑪莉‧安東尼（Marie Antoinette）生平的電影，由蘇菲亞‧科波拉（Sofia Coppola）執導。年幼的瑪莉，順從地接受母親（奧地利女皇）的安排，為一樁政治聯姻嫁入法國皇室，踏進了極盡享樂的凡爾賽宮。此後，瑪莉便天真但盡職地扮演著其華麗又優雅的奢侈形象，餐餐享用鵝肝醬、頂級松露，還有令人垂涎欲滴的精緻頂級蛋糕隨時相伴，直到後來法國大革命爆發，國王路易十六與瑪莉皇后都被送上斷頭台處死。

19 霍格華茲（Hogwarts）學院：又稱為霍格華茲魔法與巫術學院（Hogwarts School of Witchcraft and Wizardry），是英國作家喬安‧凱瑟琳‧羅琳（Joanne Kathleen Rowling）的魔幻小說《哈利波特》系列中的魔法學校，據稱是歐洲三大魔法學校之一，有四個學院，分別以四個創辦人而命名：葛來芬多（Gryffindor）、雷文克勞（Ravenclaw）、赫夫帕夫（Hufflepuff）和史萊哲林（Slytherin），每一年新生入學時，都會被分類帽分到不同學院裡。

20 美國娛樂藝文新聞網（Flavorwire）：Flavorwire 是以紐約市為基地的網路文化雜誌，由 Flavorpill 媒體擁有。該網站包括原創文章、訪談、評論等內容。Flavorwire 描述自己為「文化聯繫的人」，其涵蓋了藝術、書籍、音樂、電影、電視和網路流行文化等資訊。

21 學學文創（Xue Xue Institute）：學學文化創意基金會成立於 2007 年，致力推動台灣文化創意的公益助學工作，提供經濟弱勢兒童及青少年參與色彩及藝術、設計相關課程，並定期有各類工作坊與展覽，目前也有提供社會人士修習的美感與藝術類相關課程，為台灣美感教育播種耕耘。

22 VVG Cook Cool：好樣集團的特別食物饗宴，好樣集團將其中文命名為「好樣食在酷」，主要是與來自世界各地對食物衷情熱愛的料理專家們，藉由不同的食物展演活動，帶著彼

此的經驗和故事，巧妙地表達料理的風味並演繹對食物情感，進而內化與分享，讓所有參與展演的人，皆可以感受到「料理」與「生活」也可以從名詞變成動詞的細細品味過程。

23 諏訪綾子（Ayako Suwa）：日本食物藝術大師，畢業於金澤美術工藝大學商業設計系，在日本、新加坡、巴黎、柏林、香港和東京都曾舉辦過「Food Creation」的食物展演秀。她以食物進行藝術創作，創造了一百多種由情緒意象組成的食物構造體，「sensuous food, emotional taste」。諏訪綾子以食物說出感覺，用味道表達情感，每一道情緒都是由不同食材組合而成的藝術品。

24 張麗真老師：編織藝術家，來自台灣南部的農莊，非常喜愛自然元素，其創作的初衷是想讓無聊的事物變得有趣和輕鬆。其藉由自己的繪畫基礎和空間裝置的經驗，選擇編織為創作素材，擁有許多創作個展的經驗。

25 《大亨小傳》：此電影原著為 *The Great Gatsby*，又譯為《了不起的蓋茨比》，出版於 1925 年，是美國作家法蘭西斯·史考特·基·費茲傑羅（F. Scott Fitzgerald）所寫的一部以 1920 年代紐約市及長島為背景的短篇小說，被視為美國文學「爵士時代」象徵。故事主要講述年輕而神祕的百萬富翁傑·蓋茨比和他對黛西·布卡南不切實際的瘋狂追求。小說被認為是費茲傑羅的巨作，探討了墮落、理想主義、變革阻礙、社會巨變與放蕩；為爵士時代和興旺的 1920 年代進行了深度描繪，普遍認為是對美國夢的警醒。

26 幸町日式宿舍：本棟建物為日據末期日式住宅，其格局特殊，東面應接室、露台為洋式，西邊為和式，為和洋折衷式樣建築。國民政府來台後，幸町日式宿舍被作為員工眷舍使用，後於 2008 年間收回，並在 2013 年 2 月招標修復，同年 8 月由頂新集團得標，2014 年始修復，2015 年由好樣接手成為「好樣文房」。

27 董陽孜（1942 年 10 月 6 日～）：台灣女性書法藝術家，原籍浙江，上海出生，台灣師範大學美術系畢業後赴美國深造，取得麻州大學藝術碩士後返台，從臨摹古代碑帖入手，早期偏重顏真卿楷書和魏碑創作，近年偏向王羲之和懷素的感覺，創作中融入西洋構圖理論，兼具現代平面設計與傳統書法美學，其創作跨足跨界劇場、裝置藝術與片名提字等等，如「雲門舞集」四字、「誠」字雕像、《騷+》等。

28 *Monocle* 雜誌：*Monocle* 是由加拿大記者及創業家泰勒·布魯雷（Tyler Brûlé）於 2007 年所創立之全球性議題雜誌和網站，隸屬於 Winkontent 集團，一年發行 10 本月刊，夏季印製 *The Escapist*、冬季發行 *The Forecast* 兩本年刊。同時，也不定時出版書籍，除了紙本出版之外，也在世界各大城市開設實體店鋪 The Monocle Shop、全年無休網路電台 Monocle 24、咖啡店 Monocle Cafe，以及推出服飾品牌 Monocle Vayage 等，也曾經在美國彭博頻道開播過影音節目。

29 *Wallpaper* 雜誌：此雜誌在 1996 年亦由上述的加拿大記者泰勒‧布魯雷（Tyler Brûlé）和奧地利記者亞歷山大‧格林格（Alexander Geringer）在英國倫敦推出，旋即在 1997 年將其出售給時代華納公司（泰勒仍擔任 Editorial Director 直到 2002 年）。目前 *Wallpaper* 雜誌已成為世界上最重要的設計、生活方式的國際知名品牌刊物。

30 台中國家歌劇院：是位於台中市西屯區七期重劃區裡的大型公有展演空間，為日本建築師伊東豐雄設計，佔地 57,685 平方公尺。歌劇院內擁有大劇院（2,014 席）、中劇院（800 席）、小劇場（200 席）以及一個小型戶外劇場，另有餐飲空間與空中花園；2005 年的國際競圖由伊東豐雄獲得首獎。2009 年 12 月由麗明營造開始興建，建築主體以獨創的建築工法（曲牆建築工法和水幕防火設計）也獲得專利，並於 2016 年 9 月 30 日啟用開幕。

31 曾如瑩（2016, August），〈「最美書店」創辦人讓出所有權的一堂課〉，《商業周刊》，第 1499 期，p. 49。

NOTE

「為什麼要做這一件事？」

它是漫長的付出與堅持，從 2010 年到 2017 年

只是，十家頂尖企業個案撰寫，卻一直看不到那個終點……

夢想，就是這麼一回事，No pains, no gains!

我們專訪兩岸超過 32 位企業創辦人、董事長、CEO、高階主管

為了更深入，超過 28 位中階主管、基層員工也被我們叨擾了一番

7 年來，每週的個案會議，用盡 20 多位參與夥伴的腦力、體力、洪荒之力

這件事呢，一輩子做一次就好！

而，「為什麼要做這一件事？」

因為我們的學生，需要更深度地向觀光餐旅企業學習

因為我們的企業，需要有更深入的標竿學習對象

終點，終於在眼前

謝謝香妃、玫妤、瑞倫、怡嘉、玫慧、振昌、佑邦、立婷、

亭婷、耀中、佩俞、宛彣、曉曼、宣麟、悉珍、思穎一路相助

更要特別感謝這十家台灣原生的頂尖觀光餐旅企業

沒有您們的首肯及持續鼎力協助，也很難做下去

如此精采，我們衷心感謝：（按完成順序）

好樣、易遊網、薰衣草森林、王品集團、晶華麗晶酒店集團

老爺酒店集團、欣葉國際餐飲集團、雄獅集團、飛牛牧場、中華航空公司

王國欽 謹書于師大
2017 年

兩岸頂尖企業專訪與個案研究 75016

好樣的故事

作者：王國欽、駱香妃、陳玫妤、陳瑞倫

執行編輯：陳文玲／總編輯：林敬堯／發行人：洪有義

出版者：心理出版社股份有限公司／地址：231 新北市新店區光明街 288 號 7 樓

電話：(02) 29150566／傳真：(02) 29152928

網址：http://www.psy.com.tw／電子信箱：psychoco@ms15.hinet.net

郵撥帳號：19293172 心理出版社股份有限公司

駐美代表：Lisa Wu（lisawu99@optonline.net）

排版者：菩薩蠻數位文化有限公司／印刷者：辰皓國際出版製作有限公司

初版一刷：2017 年 2 月／初版二刷：2018 年 2 月

ISBN：978-986-191-754-2／定價：新台幣 120 元

ISBN 978-986-191-754-2
00120

9 789861 917542